[redacted]

La sou

Anne-Marie Chapouton est née en 1939. Elle passe son enfance et sa jeunesse à l'étranger ; elle obtient un doctorat de littérature française à l'université de Columbia, aux États-Unis. Aujourd'hui, elle écrit des poèmes, des romans et des contes pour les enfants, et à ses heures perdues, elle traduit de l'anglais des livres pour la jeunesse. Ses ouvrages ont été publiés chez Flammarion, Centurion, Nathan, Albin Michel, Hachette, Rouge et Or et Casterman.

Du même auteur dans Bayard Poche :
Mic la souris - Duvet, Pistache et Fanny - Mélanie Pilou - Tani la poupée - Le dé en or - Le déménagement - Rodogon le renard - Le secret de l'épouvantail - Le dragon Griffar Ier - La chappendicite (Les belles histoires)

Susan Varley vit en Angleterre où elle est née en 1961. Elle suit des cours d'arts graphiques à Manchester et choisit le métier d'illustratrice. Elle aime tout particulièrement dessiner pour les enfants. Les albums qu'elle a illustrés sont publiés en France par Bayard Presse et Gallimard. L'un d'eux, *Au revoir, Blaireau,* a reçu le prix de la Fondation de France en 1985.

Du même illustrateur dans Bayard Poche :
Un petit frère pas comme les autres (Les belles histoires)

Bayard Éditions est une marque
du Département Livre de Bayard Presse
ISBN 2. 227. 72179.0

La souris tombée du ciel

Une histoire écrite par Anne-Marie Chapouton
illustrée par Susan Varley

BAYARD ÉDITIONS

Ce matin, Sophie la souris
est sortie de son trou
en disant à sa mère :
– Je vais grignoter toute seule.
Je suis grande maintenant.
– Fais attention, dit sa mère,
– Mais oui, mais oui ! dit Sophie.

Et elle s’en va trotter dans le grand pré.
Mais au lieu de s’abriter de-ci, de-là
sous les pissenlits
ou sous les touffes de trèfles,
elle gambade en faisant la follette.

Et ce qu'elle ne sait pas,
c'est que Bila, la jeune buse*,
surveille tout ce qui trotte dans le pré.

* Ce mot est expliqué page 45, n° 1.

Sophie n'a pas le temps de crier,
la buse est tombée sur elle.
Crac ! un bon coup de bec,
et Bila l'emporte dans ses serres*.
Sophie a de la chance.
Bila n'a pas beaucoup d'expérience.
Elle ne sait pas encore bien
tuer ses proies*.

Et Sophie est encore en vie.
Elle voit défiler
les champs en dessous d'elle
et elle se dit :
– Je suis perdue !
Pourtant, elle s'aperçoit
qu'elle peut bouger la tête.
En tirant sur son cou,
peut-être qu'elle pourrait…

* Ces mots sont expliqués page 45, n° 2 et page 46, n° 3.

Mais oui, ça y est !
Elle a planté ses dents
dans la patte de l'oiseau.
Bila la buse sursaute,
elle écarte les serres
et Sophie s'échappe en gigotant.
Elle tombe, elle tombe maintenant,
elle tombe comme une pierre...

Sophie accroche une branche d'arbre,
puis une autre, une autre encore
et elle atterrit sur l'herbe, évanouie.
Quand elle se réveille,
elle essaie de bouger.
Sa patte lui fait mal.
Le coup de bec
lui a blessé le dos.
Elle saigne. Elle crie :
– Au secours ! Au secours !

Un lapin sort le nez de son terrier :
– Qu’est-ce qu’il se passe ?
Sophie raconte :
– Je suis tombée de très haut,
une buse m’avait emportée ;
et je me suis fait mal à…

Le lapin écoute à peine. Il dit :
– Oh ! là ! là !
J'ai des éboulements* dans mon terrier,
je suis très occupé.
Va voir le rat, sous le saule.
Il saura te soigner.

Et voilà le lapin reparti dans son terrier.

* Ce mot est expliqué page 46, n° 4.

Alors Sophie part en boitillant
le long de la rivière.
Elle marche longtemps
et elle arrive enfin à la porte du rat.

Le rat ouvre en disant :
– Qu'est-ce que c'est ?
Sophie répond :
– Je suis blessée, et ma patte...
Le rat dit :
– Je vois, je vois. Entrez !
Le rat regarde
les blessures de Sophie
tout en grognant :
– Je ne sais pas ce qui se passe,
tout le monde tombe
en ce moment.
Sophie s'explique :
– Moi, c'est parce que la buse...
Mais le rat n'écoute pas.
Quand il a fait le pansement,
il dit seulement :
– Vous êtes jeune. Reposez-vous.
Dans quelques jours,
vous serez guérie.
Sophie le remercie
et elle s'en va.

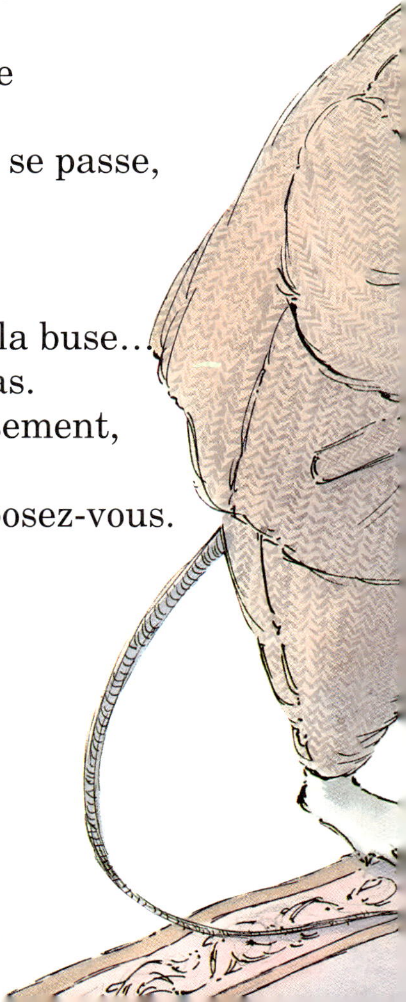

Voilà Sophie dehors,
avec sa patte bandée.
La nuit va tomber.
Elle est toute seule dans le froid,
perdue, sans abri et sans rien à manger.
Un hérisson s'arrête et il demande :
– Pourquoi pleures-tu, petite ?
– Je… j'ai mal à la patte…
– Va voir le rat, il…
– J'y suis allée. Mais j'ai toujours mal.
Le hérisson dit :
– C'est normal, ça m'est arrivé.
Au bout de quelque temps, ça m'a passé.
Sophie s'écrie :
– Mais je ne sais pas où coucher !
Le hérisson répond :
– Ah, chez moi,
on est terriblement piquant
dans la famille !
Mais va donc voir le grand chêne.
Tout le monde
est toujours bien accueilli chez lui.

La nuit est presque tombée
quand Sophie arrive devant le chêne.
Elle ne sait pas comment lui parler.
Elle dit timidement :
– Monsieur le chêne,
c'est moi, Sophie la souris.
J'ai des ennuis.
Le hérisson m'a dit…
Alors Sophie entend
comme un chuchotement
dans les feuilles :
– Pour le haut, c'est complet :
j'ai douze écureuils dans les trous,
un nid de pies tout en haut,
un logement de chouettes au premier.
Mais attends…
Installe-toi
contre la mousse de mon tronc.
Endors-toi là.
Je te donnerai un peu de ma force
et demain, tu verras, tout ira bien.

Le lendemain,
Sophie se sent mieux.
Elle remercie le chêne
et elle reprend son chemin.
Mais elle a tellement faim !
Au détour d'un buisson,
voilà un mulot,
avec un sac sur le dos.
Sophie dit :
– Excusez-moi,
auriez-vous par hasard
quelque chose à grignoter ?
Il y a si longtemps
que je n'ai pas mangé !

Le mulot répond :
– Désolé, j'ai beaucoup d'enfants.
Je ne peux vraiment rien donner
en ce moment.
Et il s'en va, l'air ennuyé.
Mais le sac est un peu troué.
Et Sophie voit les grains de blé
qui sont tombés.

Elle commence à les croquer.
Le mulot s'est retourné.
Il a tout vu et il dit :
– Suivez le chemin que j'ai tracé
et prenez ce que j'ai fait tomber.
Je ne savais pas
que je pouvais quand même donner
un peu de ce que j'avais.

Sophie grignote le blé.
Sophie se régale.

Elle avance d'un grain à l'autre
et tout à coup,
elle se cogne contre un moineau,
lui aussi en train de picorer un grain
que le mulot a laissé tomber.
Sophie demande :
– Vous avez tout picoré ?

Le moineau a le bec rempli de blé.
Il a bien du mal à parler.
Il répond :
– Bien chûr, et ch'était délichieux !
Sophie dit :
– Eh bien, tant pis pour moi !
Mais pouvez-vous, s'il vous plaît,
me dire si vous connaissez
le pré du Ruisseau brun ?
– Ch'est à côté,
chuivez la pichte des mulots
dans l'herbe, le long de l'eau,
et vous cherez vite arrivée !

Sophie a suivi la piste des mulots
dans l'herbe, le long de l'eau,
et elle est arrivée
devant la porte de son terrier.

Elle crie :
– Maman, je suis là, me voilà !
Une buse m'avait emportée !
Mais elle ne m'a pas tuée !
Je suis tombée du ciel !
Je suis là, c'est moi !

Quelle fête pour le retour de Sophie !

Sophie dîne de bon appétit.
Le soir, en se couchant,
Sophie se met à penser
au lapin qui lui a indiqué*
le terrier du rat,

* Ce mot est expliqué page 47, n° 5.

au rat qui l'a soignée,
au hérisson qui l'a envoyée au chêne,
au chêne qui lui a donné de sa force,
au mulot qui lui a offert ses grains perdus,
au moineau qui lui a montré le chemin.

Et tout bas, dans le noir, elle leur dit :
– Merci !

LES MOTS DE L'HISTOIRE

1. La **buse**
est un oiseau
qui ne vole
que dans la journée
et qui chasse les écureuils,
les souris, les mulots,
pour les manger.

2. Les **serres** sont les griffes
de certains oiseaux,
comme la buse.

3. Une **proie** est un animal qu'un autre animal attrape pour le dévorer.

4. On dit qu'il y a des **éboulements** quand de la terre ou des rochers s'écroulent.

5. **Indiquer** le chemin à quelqu'un, c'est lui montrer par un geste, par un signe ou par des paroles par où il va devoir passer.

Achevé d'imprimer en mai 1994 par Ouest Impressions Oberthur
35000 Rennes - N° 15121
Dépôt légal éditeur N° 1795 - Mai 1994
Imprimé en France